AF563411

Couverture conçue par Angela Melgaard.

Traduit vers le français par Nina Kirkegaard.

Merci, Marcel!

BROMLEY SWITZER | VIRVE ALJAS-SWITZER
ILLUSTRATIONS DE ROBERT ASKEW

EAST YORK PRESS

À nos amis à fourrure bien-aimés,
Ceux du passé et du présent –
Vous ne serez jamais oubliés.

Les samedis matin, il est difficile de sortir d'un lit douillet.

Qui me donne une tonne de câlins ?

Merci, Marcel !

Les orteils ont froid dans l'air du matin !

Qui m'apporte
mes pantoufles ?

Merci, Marcel !

On commence notre journée par une promenade dans le parc.

Qui accélère le rythme ?

Merci, Marcel !

On aime les petits déjeuners copieux,
mais pas le nettoyage.

Qui nous aide à faire la vaisselle ?

Merci, Marcel !

Les piles de linge doivent être lavées.

Qui aide à trier la lessive ?

Merci, Marcel !

Les fins de semaine sont remplies de courses à faire.

Qui me rappelle de profiter de ce moment?

Merci, Marcel !

Les bulles nous aident à nous nettoyer
après une journée amusante !

Qui s’assure que nous prenons tous un bain ?

Merci, Marcel !

Les soupers de famille nous rassemblent tous.

Qui s'assure qu'il n'y a pas de restants ?

Merci, Marcel !

On se détend ensemble en écoutant
nos émissions de télévision préférées.

Qui s’est un peu trop détendu?

Merci, Marcel !

Avant une semaine chargée, il y a toujours des câlins poilus.

Qui me fait faire de beaux rêves ?

Merci, Marcel !

Le vrai Marcel

Le nom véritable de Marcel est Frank. C'est un chien très gentil qui vit à Toronto avec sa maman, Bromley. Ses activités préférées sont de jouer à aller chercher, de nager et d'être en famille – généralement dans cet ordre.

Plus de titres d'East York Press

Ce livre s'adresse à tous ceux à qui il manque quelqu'un qu'ils aiment.

Lorsque nous nous souvenons de gens qui sont loin, ils ne nous quittent jamais vraiment.

Priya et Jay partagent des histoires tous les soirs en utilisant des boîtes de conserve et de la ficelle suspendue entre leurs fenêtres. Priya est dévastée par la nouvelle que Jay et sa famille vont déménager loin d'elle.

Grâce à sa débrouillardise, à quelques chandails en tricot dénoués et à quelques milliers de nœuds, Priya apprend qu'un peu de distance ne peut pas séparer des amis proches.

Ce livre est disponible en d'autres langues.
Visitez EastYorkPress.com

EAST YORK PRESS

www.ingramcontent.com/pod-product-compliance
Lightning Source LLC
LaVergne TN
LVHW070303250826
846485LV00012B/72

* 9 7 8 1 9 9 0 1 1 1 0 3 7 *